AF357087

LA PONDÉRATION DU RUCHER

On trouve à l'Atelier de l'asile des Vieillards abandonnés

la Ruche interchangeable 33/33

Dans cette ruche, les cadres peuvent se mettre indifféremment à construction chaude, c'est-à-dire parallèlement au trou de vol, ou à construction froide, c'est-à-dire perpendiculairement au trou de vol.

Le bâtis est composé de trois parois doubles (vide des parois garni de mousse) et d'une paroi vitrée permettant de suivre le travail des abeilles ; le volet qui ferme la paroi vitrée porte un coussin garni de mousse et 12 feuilles pour inscrire l'histoire de la ruche.

Le tout est vissé au lieu d'être cloué.

Sept crochets réunissent le corps de ruche au plateau.

Les cadres de la hausse sont interchangeables comme ceux de la ruche.

On étudie aussi, à l'atelier de l'Asile des Vieillards, la construction de la ruche en grappe, dite ruche des abeilles, dont il est longuement question dans la Charmeuse.

La ruche des abeilles ou ruche en grappe a été inventée par les abeilles elles-mêmes, il y a 6000 ans, mais jusqu'à présent elle n'avait pas trouvé de constructeur.

LA PONDÉRATION DU RUCHER

EXTRAIT DE LA CHARMEUSE

QUELQUES DÉTAILS

DE LA VIE D'UN APICULTEUR

PAR

UN VIEIL APICULTEUR

PREMIÈRE ÉDITION

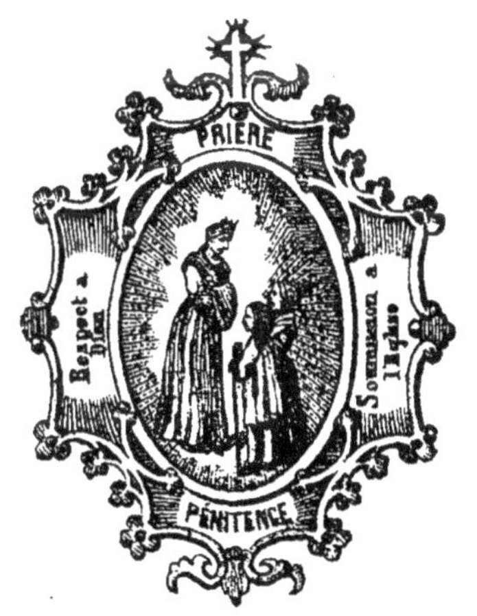

IMPRIMERIE-LIBRAIRIE N.-D.
PIERRE, PAR TOUL. (MEURTHE-&-MOSELLE.)
1897

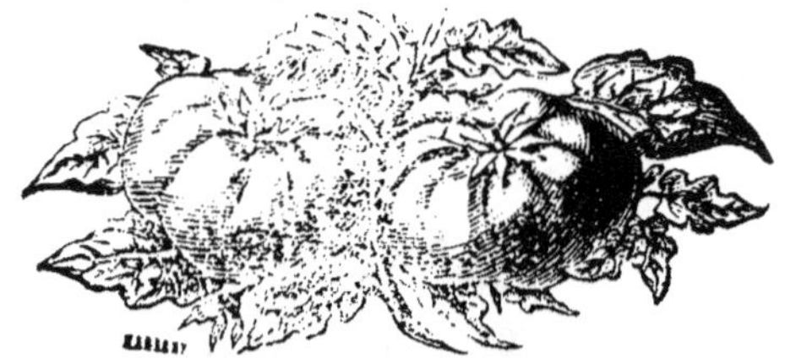

CHAPITRE I

DE LA PONDÉRATION DU RUCHER EN GÉNÉRAL.
MISE EN RUCHE

—

CONSIDÉRATIONS PRÉLIMINAIRES

Un rucher n'est pas une œuvre ordinaire, c'est une œuvre de haute intelligence, d'observation profonde, de grand tact, et de vrai discernement.

La qualité maîtresse d'un apiculteur est et sera toujours de maintenir dans son rucher une *constante pondération*.

Dans un rucher tout doit être pondéré.

Il ne faut ni trop ni trop peu d'abeilles, ni trop ni trop peu de cadres, ni trop ni trop peu de provisions, ni trop ni trop peu de pollen, etc.

C'est là, c'est dans un grand rucher, que triomphent les partisans du juste « milieu ».

Un certain équilibre peut exister sans grands efforts d'intelligence et de discernement ; il peut être le résultat de circonstances fortuites ou le fait de l'intelligence de nos industrieuses ouvrières.

La pondération dont il s'agit ici est essentiellement le résultat des efforts de l'intelligence de l'apiculteur et surtout de son discernement et de son esprit d'observation.

C'est un fait personnel à l'apiculteur, c'est son œuvre et la conséquence directe de sa constante et intelligente intervention.

Le directeur d'un grand rucher n'oubliera donc jamais que sa mission principale est d'établir cette pondération qui, en apiculture, comme en toutes choses, diminue les difficultés, prévient les mécomptes, tranquillise le présent, prépare l'avenir, augmente, assure et régularise les triomphes.

Sans doute, cela exige de grandes capacités,

une attention continuelle, des efforts constants et persévérants, mais tout le succès du rucher est là.

MISE EN RUCHE

Le principe est de fournir à l'essaim le logement proportionné à sa grosseur, et conforme à ses besoins *présents*.

L'essaim primaire exigeant des bâtisses, il faut lui donner une certaine quantité de bâtisses toutes faites ; inutile d'en donner à l'essaim secondaire.

S'il n'y a pas de miellée abondante, il sera superflu de donner des bâtisses en abondance, mais s'il y a forte miellée, ce serait maladroit de ne pas donner de bâtisses, puisque l'essaim ne se suffit pas.

Tenir toujours compte de l'époque où se fait l'opération, de la température, de la miellée, de la valeur de la reine.

Autre chose est la mise en ruche en août (15 août), autre chose est la mise en ruche en mai et juin. En août, donnez à peu près toutes les bâtisses faites et suppléez aux provisions, puisque le temps de la bâtisse est passé et qu'il n'y a plus de récolte.

Et cela à l'essaim primaire et (à peu près) aussi à l'essaim secondaire.

Au printemps, à l'essaim primaire, donnez quelques bâtisses, puis faites bâtir, c'est l'époque de la bâtisse.

A l'essaim secondaire, ne donnez rien ou à peu près rien comme bâtisse.

En juillet, tenez le milieu entre les deux époques.

Quant aux cadres à donner tout bâtis aux essaims, se rappeler qu'il faut toujours en donner de manière à avoir le nombre impair, 3 cadres, 5 cadres, 7 cadres, et cela à partir du centre du nid à couvain : s'il y a cinq cadres, il y en aura deux à gauche et deux à droite de celui que l'on pourra considérer comme centre. On ne donnera jamais un cadre d'un côté sans en donner en même temps un de l'autre côté ; les abeilles ont toujours un point central dans le nid à couvain autour duquel tout rayonne, autour duquel se développe, sous forme de grappe, la famille au berceau, et, à moins de raisons fort graves, l'apiculteur ne doit pas troubler cette harmonie. Donc quand il donnera des cadres, il aura soin d'en donner des deux côtés.

Fin juin, époque où il n'y a pas de fleurs, (1) donnez toujours à l'essaim, quel qu'il soit, des bâtisses à peu près complètes et des provisions abondantes.

Ne pas donner de couvain mûr à cet essaim, c'est en vouloir la dépopulation ; en donner trop, c'est s'exposer à voir le couvain périr.

Donner indistinctement et sans discernement un cadre de couvain à un fort essaim ou à un essaim faible, c'est se tromper.

A l'essaim faible un petit disque de couvain suffira, tandis qu'à l'essaim fort, le couvain peut garnir une partie du cadre.

Au printemps, grande nécessité de donner du couvain mûr aux essaims, parce que le dépeuplement se fait très vite à cette époque, qui est l'époque du très grand travail ; tandis que fin juin, il y a beaucoup moins de nécessité de donner du couvain mûr, puisque à ce moment là les travaux ne sont pas poussés activement, et il n'y a pas

---

(1) Nous parlons pour certains pays, par exemple, une partie de l'ouest de la France.

chaque jour une perte considérable de butineuses.

Il faut avoir beaucoup de prudence et de discernement dans la distribution du sirop de sucre à la famille naissante, chose fort importante, pouvant produire de remarquables résultats, mais aussi opération très délicate et exigeant un tact et une prudence qui ne se rencontrent pas souvent.

Trop de sirop peut faire fuir l'essaim ; il l'enivre et l'affole.

Nourrir modérément, dans les premiers jours qui suivent la mise en ruche, est excellent, mais il faut bien se garder de nourrir beaucoup et d'exciter l'essaim, à partir du quinzième jour et au delà, ... l'essaim a été trop affaibli par des pertes de chaque jour, aucune nouvelle naissance n'est venue remplacer les ouvrières qui ont disparu. A cette heure aiguillonner une famille déjà épuisée, obliger de doubler ses services et d'écraser ses soldats, est un excès qui ne peut produire que de funestes résultats: c'est un surmenage qu'il faudra payer cher.

Mais, quelques semaines après, quand une nouvelle génération, robuste et ardente, sera venue prendre la place des vieux soldats épuisés, ce sera l'heure de se souvenir que le nourrissement stimulant double l'ardeur de la ruche et triple les **résultats**, et ne pas le faire en ce moment, c'est ne pas vouloir tirer parti d'une belle situation.

N'oublions pas qu'à cette époque, et dans ces circonstances, il faut absolument tenir compte des facteurs qui *dominent* la situation, dans la plupart des opérations apicoles : le temps, la flore, la miellée, la saison.

Au printemps, par une belle saison, ne donnez rien ; l'ébullition générale du printemps suffit à tout.

Fin juin, (15 juin au 15 juillet,) époque de la stérilité en beaucoup le pays, stimuler abondamment, c'est s'exposer aux mécomptes, à moins qu'on ne veuille faire une grande dépense d'argent et de soins.

Cette saison doit être une époque de grande prudence, un temps qu'il faut subir et laisser passer, demandant peu aux abeilles, parce que malgré les plus grands soins et les plus grandes dépenses, elles donnent peu.

La même chose doit se dire d'un mauvais temps qui *persévérerait* ; Il faut alors cesser le nourrissement stimulant ; excitées ou non, les abeilles donnent peu, dans des circonstances aussi défavorables.

Deux observations importantes avant de terminer ce chapitre.

1° De même que c'est une très grande faute de loger un essaim dans un appartement trop grand, de même c'est une faute non moins grande de ne pas augmenter l'habitation au fur et à mesure du besoin.

Du même coup, on nuit au développement de la famille, à la fécondité de la reine, à l'avancement de la bâtisse.

2° S'il y a un point particulier sur lequel il est nécessaire d'établir la plus sérieuse pondération, c'est bien sur les constructions en mâles, et sur la ponte de mâles.... Très souvent les ruches périssent par suite de cette exagération, et celles qui ne périssent pas, végètent pendant des saisons entières.

Et ce qu'il y a de plus remarquable dans cette circonstance, c'est qu'il ne faut aucunement compter sur nos abeilles pour atténuer ou pour guérir le mal; au contraire, ce sont elles qui seront les premières à l'aggraver et souvent, si l'apiculteur n'intervient à propos, le rendent incurable.

Rien n'est plus pondéré qu'une famille d'abeilles.

En temps ordinaire, une ruche est un modèle de ravissante harmonie. Il y a une si merveilleuse économie entre la ponte de la mère, le nombre des nourrices qui soigneront les petits, le miel et le pollen qui les nourriront, les berceaux où on les élèvera, qu'on peut dire en vérité, qu'il n'y a pas de peuple plus sage et plus pondéré que ce charmant petit peuple.

Mais que certaines circonstances se présentent, que cette famille si sage, ayant remarqué des signes de caducité dans la reine, ou bien que l'idée d'aller fonder famille ailleurs s'empare d'elle, les voilà qui perdent toute mesure. Elles n'ont qu'une idée fixe: il leur faut des mâles. Elles ne bâtissent plus que des cellules de bourdons, partout, dans tous les coins, la reine ne pond en grande partie que des bourdons, l'harmonie est rompue, il n'y a plus de proportion entre les différentes constructions, entre la ponte des mâles et celles des ouvrières, et finalement, en certains cas du moins, la ruche va se dépeupler, et si l'apiculteur n'intervient pas pour rétablir l'ordre, de graves désordres peuvent en résulter.

C'est là que l'action d'un pondérateur habile jouera le plus grand rôle et c'est une occasion de plus de constater la vérité de notre devise que la reine et l'apiculteur sont tout dans un rucher.

Un apiculteur sérieux exercera le plus vigilant contrôle sur la construction, surtout aux époques où la miellée donne abondamment, et principalement pour les ruches populeuses, à reine un peu âgée. Il n'hésitera pas à prendre des moyens énergiques pour empêcher une surabondance de bâtisses en mâles, et rétablir l'équilibre. Nous n'appelons pas moyen énergiques, celui qui est indiqué par certains apiculteurs et qui consiste à enlever les cadres de mâles, au fur et à mesure qu'ils se produisent ; cela ne fait qu'augmenter l'affolement, et l'ardeur qui existe déjà ne fait que s'augmenter encore de toute celle que nous inspire l'acquisition d'un fruit défendu ; l'abeille est comme nous, enlevez-lui deux cadres de mâles, elle en reconstruira quatre : *nitimur in vetitum*.

Toute l'habileté consiste à modifier profondément la situation de la ruche.

A cette ruche qui s'inquiète de l'affaiblissement de sa reine, enlevez la reine et remplacez-la par une jeune et excellente pondeuse : la construction sera vite reprise sur un nouveau plan.

A cette autre qui souffre d'une surabondance de population, appliquez le salutaire remède de la division : faites-en deux familles, en donnant une jeune reine vigoureuse à la partie qui reste orpheline, vous n'aurez plus que des bâtisses en ouvrières.

Ou bien, enlevez-lui deux, trois ou quatre cadres de couvain.... cela l'aura vite assagi et elle vous comprendra.

Un directeur de rucher important n'est autre chose qu'un pondérateur ; son rôle est prépondérant, et l'influence qu'il peut exercer sur un rucher est immense.

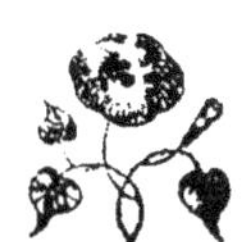

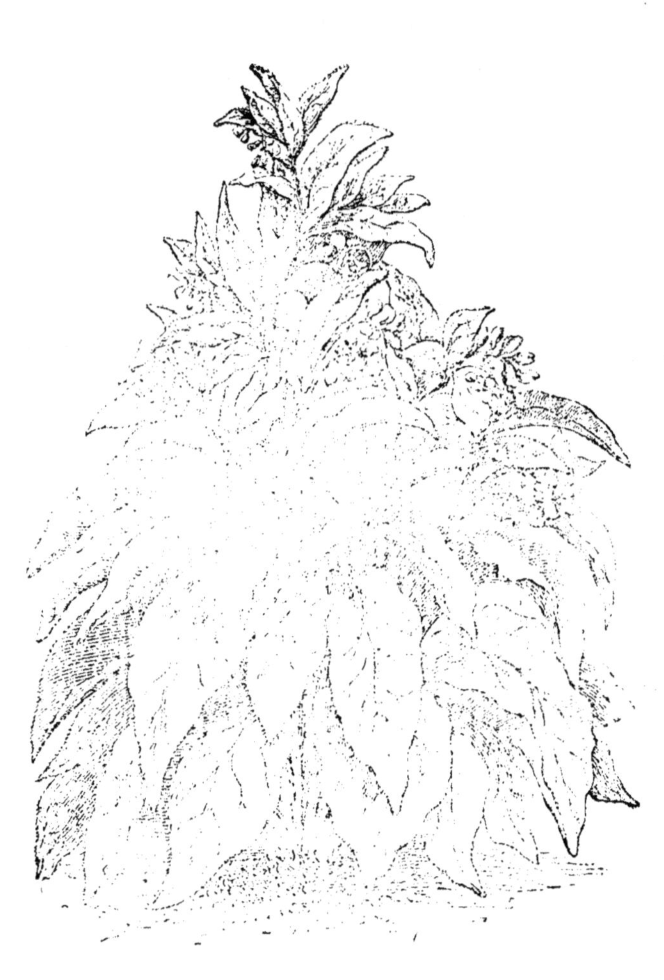

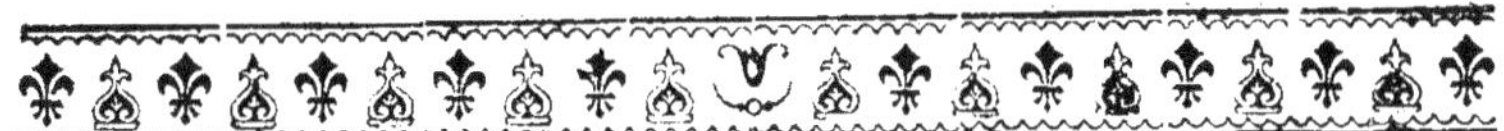

CHAPITRE II

DE LA PONDÉRATION
QU'IL FAUT A L'ÉGARD D'UNE FAMILLE DÉVELOPPÉE

—

Le meilleur de tous les principes est celui-ci : suivre pas à pas le développement de chaque ruche, tout en activant plus ou moins selon les saisons, selon la flore et suivant la température, qui sont, en toutes circonstances, les trois facteurs dont il faut absolument tenir compte.

Ne pas activer une population bien constituée, surtout si la température, la saison, la flore la favorisent, c'est perdre beaucoup et ne pas tirer parti de sa ruche.

De même aussi, trop presser, trop exiger d'une famille bien constituée, lorsque tous les atouts ne sont pas dans notre jeu, c'est s'exposer à de forts graves inconvénients.

En toute circonstance, l'apiculteur doit se rappeler qu'il ne doit pas marcher seul, même avec un savoir profond. Il ne doit pas oublier qu'il y a des choses avec lesquelles il faut compter et qui ne se suppléent pas, même par un grand savoir et une grande expérience. Le plan providentiel est ainsi fait que l'homme, parce qu'il vit au milieu des éléments, doit subir l'influence des éléments. Saisons, température, flore, lois diverses qui régissent les abeilles, voilà autant de maîtres qui imposent leur volonté même à l'apiculteur le plus expérimenté.

L'habileté en ce monde consiste à bien saisir les lois naturelles qui gouvernent le monde, à les utiliser à notre profit et à faire travailler à notre œuvre ces admirables ouvriers, ces forces merveilleuses que nous appelons, d'un nom trop vulgaire, la nature ; un homme vraiment habile sait mettre de son côté les grandes forces de la nature au lieu de se les aliéner; et quand il sait marcher avec elles, à plus forte raison quand il peut les dominer, il est sûr de voir son œuvre couronnée de succès.

L'habileté de l'apiculteur, quand la famille sera bien constituée et bien développée, consistera à lui souffler tout doucement l'heureuse inspiration d'essaimer.

Au lieu de la violenter et de lui imposer de force votre volonté, amenez-la tout doucement à suivre votre pensée.

Il n'est pas difficile d'enlever la reine et de forcer la main à la famille orpheline.

Si on ne veut pas attendre les essaims naturels, et on a souvent de bonnes raisons de ne pas le faire, on peut alors faire soi-même ses essaims.

Sera-ce parfait ?

Oui, si on a soin de préparer cela de longue main : non, si on le fait sans une longue préparation.

Toute grande opération du rucher, quelle qu'elle soit, demande à être préparée de longue main.

Voilà le grand principe en apiculture. Je veux le proclamer hautement ; je le souligne deux fois, trois fois, et je répète énergiquement: en apiculture il ne faut rien de heurté, toute grande opération, quelle qu'elle soit, doit être préparée habilement, patiemment et de très longue main. Les abeilles font ainsi, bien audacieux et bien téméraire serait l'apiculteur qui croirait mieux faire.

L'essaim artificiel non préparé de longue main est à déconseiller absolument.

Il n'est pas logique. Il peut réussir quelquefois, exceptionnellement : mais il a toutes les chances contre lui. Il occasionne des secousses trop violentes, des perturbations trop profondes dans l'économie de la ruche, pour que tout le travail nécessaire à l'élevage des reines, et à la préparation d'une nouvelle famille royale et d'un peuple nouveau puisse se faire normalement.

Cette famille qui brutalement s'est trouvée décapitée, élève-t-elle aussi correctement et aussi *scientifiquement* une famille royale que si elle avait été préparée pendant des semaines entières à cette grande œuvre? Nous ne le croyons pas, et nous estimons qu'une famille qui a été préparée de très longue main par une nourriture stimulante intelligemment donnée,

par l'adjonction de cadres de couvain qui a éveillé
en elle des désirs inconnus, et élargi ses espérances, par l'adjonction aussi des cadres d'ouvrières tout bâtis qui auront permis à la reine
de donner libre essort à sa ponte, et de créer en
peu de jours assez de monde pour fonder plusieurs familles ; nous estimons, dis-je, que cette
population est autrement apte à élever la famille
royale, et ainsi se trouve résolue la grande question: à savoir si les reines élevées artificiellement
valent autant ou même valent mieux que les
reines élevées naturellement.

Un grand nombre d'apiculteurs fort habiles,
ceux qui connaissent les règles importantes que
nous venons d'énumérer, et qui s'attachent à les
suivre, ne font rien par heurt et secousse, mais ils
ont soin de préparer de longue main et avec grand
soin ces très délicates opérations, ces apiculteurs, MM. Cowan, Zwingle, et plusieurs autres
pourront répondre par l'affirmative et dire hautement avec M. Cowan « qu'ils *ne fondent aucun
espoir sur les reines élevées naturellement.*

Et nous doutons beaucoup que les autres qui
soutiennent la négative aient employé dans leur

élevage de reines les précautions et suivi les règles que nous avons indiquées, et nous sommes convaincus que les insuccès attribués à l'élevage artificiel devraient être attribués, non à l'élevage lui-même, mais à la manière dont il est conduit.

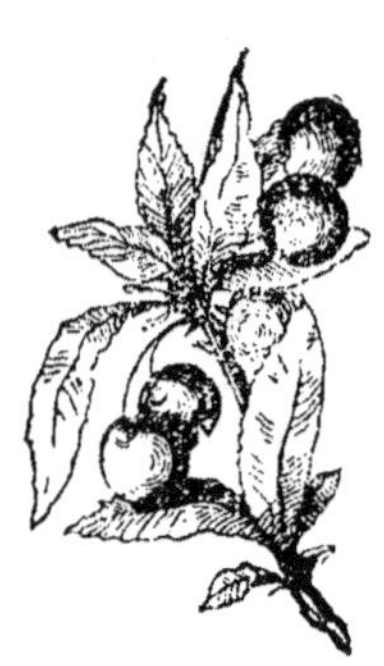

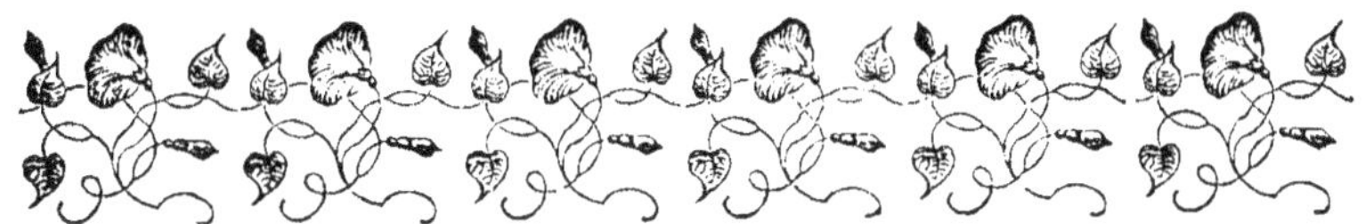

CHAPITRE III

PONDÉRATION DANS L'ÉLEVAGE DES REINES
ET LA REPRODUCTION.   INSIGNES MALADRESSES

N.-B. — Tout naturellement, dans l'élevage des reines et l'essaimage artificiel, il est nécessaire de tenir un compte absolu de l'étendue que l'on veut donner à son rucher, et du temps qu'on peut lui consacrer, et nous ne raisonnons ici que.

1° Dans l'hypothèse d'un rucher considérable qu'on peut et qu'on veut développer encore.

2° Rucher dirigé par un homme compétent.

3° Qui a beaucoup de temps à lui consacrer.

L'élevage des reines et la reproduction par l'essaimage étant les deux opérations fondamentales d'un rucher un peu important, nous devons porter notre attention sur ces deux opérations; une fausse direction dans cette matière a les plus graves conséquences pour le rucher.

C'est dans cette question que la pondération est d'une absolue nécessité. Un apiculteur vraiment sérieux devra s'efforcer de se tenir toujours dans un juste milieu, s'éloignant de tout extrême, et s'efforçant de régler sa conduite d'après les principes les plus sûrs et les mieux établis.

Or, pour nous, il y deux choses parfaitement nettes.

1° L'essaimage naturel ou artificiel est une *nécessité*.

2° Les reines élevées artificiellement valent mieux en général que les reines élevées naturellement.

1° ÉLEVAGE DE REINES

L'élevage artificiel doit suivre en tout point la nature qui n'a rien de heurté et qui n'agit pas souvent brusquement .... Il doit être préparé de longue main et habilement conduit.

Ce ne doit être autre chose que l'élevage naturel favorisé, fortifié, développé.

Toutes les chances sont donc pour lui et il est forcément supérieur *parce qu'il n'est et ne peut être* que le développement et le perfectionnement des forces de la nature.

L'élevage artificiel bien fait a tous les avantages de l'élevage naturel, et de plus, ces avantages sont doublés et triplés.

Mais il faut 1º Une grande habileté pour cela.

2º De grandes précautions.

3º Une grande modération dans cet élevage.

4º Une grande prudence dans l'acceptation d'usages nouveaux et non suffisamment éprouvés : aussi l'élevage des reines qui est une nécessité dans un rucher important, ne doit être cependant entrepris que par un homme vraiment compétent, c'est-à-dire par un homme qui a fait des études approfondies sur la nature, a une longue expérience des abeilles et sur une large échelle et un coup d'œil assez pénétrant et assez sûr.

Etudes approfondies, longue expérience, coup d'œil vif et sûr, trois conditions avec lesquelles on fait d'étonnantes merveilles, sans lesquelles

on peut aller d'illusions en illusions, sans lesquelles, à coup sûr, on va de fautes en fautes,
d'insuccès en insuccès.

Gardez-vous contre un double défaut qui se
rencontre souvent chez un apiculteur.... Ne pas
élever, ou trop élever.

Il faut élever, parce qu'il se rencontre de temps
en temps dans chaque rucher un peu considérable des reines d'une exceptionnelle fécondité,
produisant des abeilles ayant toutes les qualités
désirables, grand événement dans un rucher, qui
rappelle de tous points ces grandes apparitions
de génies et de héros, Henri IV, Louis XIV, Na-
poléon I, qui transforment si profondément la
vie d'un peuple et élargissent ses destinées.

Hélas, les grands hommes sont rares en ce
monde et ce qu'il y a de plus triste c'est que
nous n'avons pas le secret de les perpétuer et d'en
renouveler la race....

Mais pour les abeilles c'est bien différent, et
il nous est permis et possible de fixer autour de
nous, de perpétuer dans notre rucher, de multi-
plier, de généraliser la race des héros au point
d'en faire une race normale....

Grand secret qui renferme tous les triomphes et constitue la vraie fortune de l'apiculteur.

A *tout prix*, élevons des reines dans cette ruchée où se trouve cette « reine exceptionnelle. » Cette race de héros propageons-la autour de nous, dans notre rucher et efforçons-nous d'obtenir le plus grand nombre possible de filles de cette race, que nous donnerons comme chef à chacune de nos ruches.

Employer une pareille ruche à donner simplement du miel ! Quelle folie et quelle perte.

Une pareille reine ne doit être employée toute l'année, c'est-à-dire trois ou quatre mois, qu'à fournir les œufs avec lesquels on élèvera les reines qui permettront de changer chaque chef de peuples et de renouveler ainsi en moins d'une année tout l'état major général, tous les chefs de corps d'armée....

Aussi, quelle insigne maladresse, quelle insigne folie chez beaucoup d'apiculteurs.

La plus insigne maladresse que puisse jamais commettre un homme c'est de ne pas utiliser comme reproducteurs ces reines exceptionnelles et de laisser passer ainsi la plus belle occasion que l'on puisse jamais avoir d'augmenter bien aisément, de tripler, de décupler la valeur d'un rucher.

Sachons bien que cette grande occasion se présente toujours au moins quelquefois, mais très rarement, trois fois, six fois dans la vie d'un apiculteur, rarement plus souvent.

Toute la valeur du rucher est là. Tout son avenir en dépend et souvent, la véritable valeur d'un grand rucher ne dépend que de cette circonstance favorable qu'on a su apercevoir et utiliser.

Celui qui laisse échapper cette occasion ne la retrouvera peut-être plus, et, à coup sûr, son rucher sera longtemps inférieur, à moins qu'il n'achète à grands frais des *reines exceptionnelles*, s'il a.... la chance de trouver un vendeur qui consente à les livrer.

Ce sont les héros qui font les grands peuples; les héros sont rares, et la sagesse des peuples qui ne peuvent les produire consiste à les perpétuer.

Vous aurez enfin à vous garder contre la manie de toujours élever dans votre propre rucher. Le meilleur sang s'épuise, et il est nécessaire de le renouveler en y infusant un sang étranger.

Il faut donc demander ailleurs, soit aux pays d'origine, Italie ou Chypre, ou à quelque éleveur sérieux, le sang nouveau et vigoureux qui reconstituera un rucher fatalement destiné à s'épuiser alors même qu'il est bien conduit.

Ne jamais renouveler le sang du rucher, absurde.

Ne pas profiter de ses propres richesses, absurde; gardons-nous de ces deux extrêmes.

2° REPRODUCTION PAR L'ESSAIMAGE

C'est un tort d'exiger des essaims des ruches inférieures ou ordinaires.

C'est un plus grand tort de ne pas en exiger des ruchées de premier ordre.

C'est une maladresse d'exiger des essaims de ruches qui ne sont pas préparées à en donner.

C'est une plus grande maladresse de ne pas en demander à des ruches de qualité qui sont préparées à en donner

C'est un excès d'en demander beaucoup à la même ruche quand elle est simplement de grande qualité.

Ce n'est jamais un excès d'en demander beaucoup quand c'est une ruchée de qualité exceptionnelle.

Dans ce cas, tout doit être sacrifié à l'obtention du plus grand nombre possible d'essaims, même très petits, qu'il sera toujours facile d'utiliser, d'augmenter, d'agrandir ; toute la valeur d'un essaim étant dans la reine, n'eût-on que la reine, ce serait assez.

Dans la pratique générale de l'apiculture on a souvent un double tort.

1° On n'évite pas assez les essaims de ruches inférieures ou ordinaires.

2° On ne favorise pas assez l'essaimage des ruches exceptionnelles.

Une ruchée tout à fait exceptionnelle ne devrait jamais servir à donner du miel.

Elle a un tout autre emploi tout indiqué.

De même, les ruchées ordinaires ou inférieures ne devraient jamais servir à la reproduction et ne devraient jamais donner que du miel.

Ainsi se trouve condamnée tout à la fois et la doctrine de ceux qui enseignent qu'on peut prendre des essaims à tort et à travers et qu'on peut en demander à toutes les ruches, et la doctrine

de ceux qui prêchent qu'il ne faut pas essaimer.

CONSIDÉRATIONS PRATIQUES.

Quand tout va bien, quand la miellée donne et
que le vent souffle à l'essaimage, essaimez hardiment, tous les atouts sont pour vous.

Quand au contraire (comme en l'année terri-
ble 1892) les familles ne peuvent se décider à
essaimer, soyez sobres d'essaims. La loi de la
reproduction est la plus importante de toutes
les lois, mais elle doit être appliquée avec un
grand discernement.

Quand la nature ouvre son sein et prodigue à
pleines mains ses trésors, écoutez-là. Essaimez
hardiment.

Quand, au contraire elle semble ne donner
qu'à regret, soyez très réservé.

QUELQUES MOTS SUR L'ACHAT DES REINES

1º Un bon éleveur (en grand) et tout à la fois
consciencieux est chose rare — *rara avis*.

2º Un éleveur qui consente à vous vendre des
qualités exceptionnelles et bien éprouvées, est
chose plus rare.

3° Un éleveur qui vous vende bon et à bon marché, est chose plus rare encore.

4° Un éleveur qui vous vende à bon marché des qualités exceptionnelles ne se trouvera jamais sur terre.

Donc, se décider à payer, et n'acheter jamais de reine à bas prix: ce sont toujours les plus chères.

Si on a la chance de trouver un éleveur de profession, un spécialiste capable et consciencieux, trois qualités indispensables dans un éleveur, trois qualités qui s'appellent l'une l'autre et se complètent: (Je les répète à dessein, spécialiste, capable, consciencieux;) si on a cette chance, c'est un devoir de lui acheter chaque année une (ou plusieurs) reines de qualité tout à fait exceptionnelle qu'il faudra se décider à payer tout à fait cher....

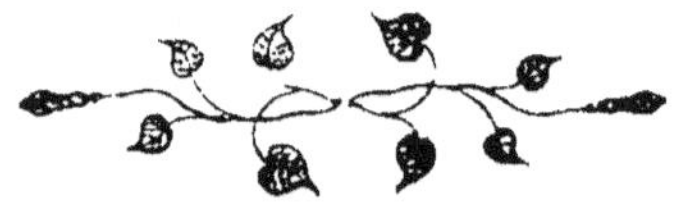

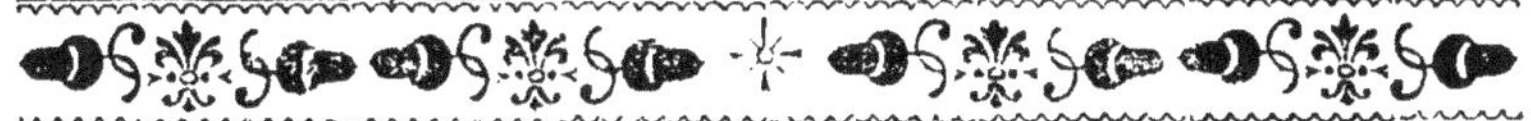

CHAPITRE IV

DE LA PONDÉRATION DU RUCHER
EN VUE DE LA RÉCOLTE

Il s'agit de préparer notre rucher en vue de la récolte prochaine.

La pondération doit être entendue ici d'une façon toute autre que dans les articles précédents et ceci prouvera qu'il y a une grande différence entre « équilibre et pondération.» La pondération consistera à cette époque à *rompre l'équilibre*, à déséquilibrer le rucher... avec habileté, pour en tirer un meilleur parti.

Rappelons en peu de mots les principes très importants sur lesquels nous allons régler notre conduite dans les circonstances fort graves que nous allons traverser.

1º Il ne s'agit pas simplement de récolter beaucoup de miel cette année. La question est plus large : car le rucher est un établissement qui **ne** dure pas seulement une année, mais qui doit se continuer en augmentant chaque année, sinon en nombre, du moins en importance et en valeur. C'est une très mauvaise méthode de ne voir que l'année présente et de tout sacrifier à l'année présente.

Au billard, l'habileté ne consiste pas seulement à faire des carambolages, mais à se ménager du jeu, et les maîtres savent surtout préparer l'avenir en resserrant le jeu dans un coin pour y faire de longues séries ; se ménager du jeu c'est un grand secret.

2º L'essentiel, chaque année, c'est d'augmenter la valeur du rucher, ce qui est bien différent d'augmenter le nombre des ruches. L'importance d'un rucher n'est pas toute entière dans le grand nombre de ruches, mais surtout et bien davantage dans la valeur intrinsèque de chaque population, et avant tout, dans les qualités supérieures de la reine. Et l'habileté de l'apiculteur consiste à maintenir cette haute valeur, à l'augmenter, et à l'assurer pour les années suivantes. C'est dans une sphère inférieure, le rêve du penseur chrétien. *et extolle illos usque in œternum.*

3º Il n'y a que les populations *formidables* qui utilisent complètement la miellée.

4º Il vaut mieux avoir 20 bonnes ruchées de premier choix que 60 ordinaires. Les **20** ruchées de choix donnent plus de miel que 60 ordinaires.

5º Il ne faut pas un grand nombre de ruches pour produire beaucoup de miel, une vingtaine de ruches, pourvu qu'elles soient excellentes, et dans d'excellentes conditions, en produisant beaucoup.

Le problème qu'il s'agit de résoudre est très sérieux. Il s'agit de récolter le plus possible de miel, cette année, sans nuire à la valeur intime et absolue du rucher, sans compromettre l'avenir, en l'assurant même pour les années suivantes.

Voici comment nous nous y prendrons pour le résoudre.

Nous basant sur le principe fondamental qu'il

n'y a que les populations formidables qui utilisent complètement la miellée, nous nous efforcerons de ne nous faire que de très grandes populations, tous nos efforts tendront à ce but.

Nous aurons soin, quinze jours ou trois semaines avant l'époque présumée de la miellée, de partager notre rucher en trois.

1º Les populations déjà très puissantes.

2º Les populations déjà fortes qui peuvent devenir formidables quand on leur aura adjoint des cadres de couvain ou des abeilles.

3º Les populations trop en retard pour le devenir et qui fourniront le renfort d'abeilles, de couvain et de bâtisses, et qui par conséquent, peu à peu ou tout d'un coup, seront réduites à l'état de nucléus.

Supposez que nous ayons 60 ruches de force ordinaire, … … nous garderons bien de les laisser telles quelles. Nous choisirons les 20 ou 30 meilleures, et nous mettrons les autres à contribution.

On leur prendra miel, couvain, bâtisses, pour en enrichir les 20 ou 30 privilégiées sur lesquelles tout repose.

Remarquez que nous ne sacrifions rien.

Tout le monde sait qu'une forte ruche, à laquelle on adjoint 10, 15, 20 000 abeilles travaille deux fois, trois fois autant que si elle n'avait rien reçu, et, d'autre part, nous nous réservons de refaire les populations que nous avons affaiblies et nous le ferons quand le moment de l'équilibre du rucher sera venu.

Une des plus grandes illusions sera toujours de croire qu'il faut une grande quantité de ruches pour récolter une grande quantité de miel, et qu'on peut récolter beaucoup de miel avec des ruches de force ordinaire. Nous ne répéterons jamais assez fortement que ce n'est pas la quantité de ruches qu'il faut, mais la force extraordinaire d'un certain nombre de ruches .... La victoire appartient aux gros bataillons, et nous ne concevons sur le champ de bataille, au moment où la lutte se fait la plus ardente, que des bataillons pressés, serrés, qui se succèdent continuellement. Le grand secret du stratégiste sera toujours d'amener sur un point donné des millions d'ouvriers, et nous n'admettons à cette époque que deux sortes de ruches : les ruches formidables et les ruchettes (*nucleus*) qui ont servi à les former, nous n'en concevons pas d'autres.

Espérer beaucoup de miel par d'autres procédés, c'est se tromper grossièrement.

Voici comment nous conseillons de procéder.

1° Toutes les populations « *formidables* » seront conservées telles.

2° Toutes les populations déjà fortes seront augmentées d'abeilles ou de cadres de couvain mûr, ou à peu près mûr, et cela trois semaines environ avant l'époque présumée de la miellée.

3° Les autres ruches qu'on a ainsi affaiblies seront maintenues à l'état de « *nucleus* » jusqu'à la fin de la récolte ; on s'occupera alors de les augmenter pour en faire de bonnes populations à l'entrée de l'hiver.

Deux systèmes se présentent qui ont une certaine valeur et dont il faut parler, la méthode Delépine et la méthode de dédoublement des ruches doubles.

Fort ingénieux, l'abbé Delépine réduit à la fin de l'automne son rucher à 18 ruches pour en hiverner le moins possible. Au premier printemps, il augmente ce chiffre par l'essaimage artificiel, et il se trouve vite à la tête de 30 ruches ; c'est le nombre sur lequel il opère. Il veut

30 ruches au moment de la récolte. L'idée est bonne, surtout s'il a le soin de diriger tous ses efforts vers un seul but, n'avoir que des populations de première force, mais cela n'arrive pas d'une manière régulière. Tout le monde n'a pas l'avantage d'être aussi intelligent, aussi instruit, aussi bon praticien que l'abbé Delépine. Presque tous les apiculteurs, même les habiles, sont dans la même situation, et leur rucher se décompose ainsi : une quantité plus ou moins grande d'excellentes ruches, un tiers de moindres, et un certain nombre d'inférieures (comme population) que faire de tout cela ? L'abbé Delépine les conserve telles, les moins bonnes comme les meilleures.

C'est là que sa méthode pêche. Il s'arrête à moitié route. Il a bien fait d'augmenter, mais au moment précis dont nous parlons, quinze ou vingt jours avant la récolte, il devrait ne pas conserver telles, les populations en retard, ou celles qui sont simplement belles. Il devrait utiliser ces faibles populations qui ne lui rapporteront rien, s'il les laisse suivre leur petit train. Il ne se garde pas assez contre l'illusion si commune qui consiste à s'appuyer sur la quantité plutôt que sur la qualité, et il oublie trop qu'il faut à tout prix, à cette époque, des populations formidables et qu'il n'en faut pas d'autres. Dussions-nous fatiguer nos lecteurs, nous ne pouvons que répéter ce que nous avons dit plus haut.

Nous ne concevons à ce moment là que deux sortes de ruches: les ruches à populations excessivement fortes, et les ruchettes (qui leur ont fourni cet excédent).

Nous n'en admettons pas d'autres.

Il y a aussi une autre méthode célèbre, qui veut que l'on dédouble les ruches doubles et qu'on les réunisse, en sacrifiant les reines les moins bonnes.

Nous n'admettons pas le « sacrifice de reines, » car nous supposons toujours qu'elles sont bonnes, puisqu'on ne doit conserver que de très bonnes reines.

Si elles sont inférieures, ce n'est pas le moment de les détruire, on aurait dû le faire depuis longtemps; si elles sont bonnes, pourquoi les détruire?

La méthode du dédoublement des ruches peut être employée d'une façon bien plus intelligente, il produira alors d'excellents résultats.

Chacune de ces ruches doubles, dans sa divi-

sion la moins peuplée, fournira un nucleus composé de la reine, d'un cadre de couvain mûr et
assez abondant, de deux cadres à bâtisses
vides et à miel, et d'un nombre suffisant d'a-
beilles.

Quelques semaines plus tard, ce nucleus sera
augmenté peu à peu, en le renforçant progres-
sivement par l'addition d'abeilles, de couvain mûr
et de bâtisses.

De 20 populations doubles, on fera ainsi 20
familles colossales, et de plus on aura 20 nucleus qu'on pourra utiliser plus tard admirable-
ment.

Cette méthode des ruches jumelles bien entendue et bien pratiquée, peut apporter d'excellents
résultats.

Que faut-il penser de certaines manœuvres
indiquées par plusieurs maîtres au sujet de la
récolte ?

Faut-il enlever la reine, et laisser la ruche
orpheline ?

Faut-il emprisonner la reine pendant un certain nombre de jours ?

Faut-il parquer la reine dans un coin de son
royaume ?

Toutes manœuvres n'ayant qu'un seul but, diminuer le plus possible le couvain, le supprimer même, afin de pouvoir envoyer plus de butineuses à la récolte.

Si, dans notre région, la récolte (toute la récolte) se faisait en 8 ou 10 jours de beau temps, nous n'oserions peut-être pas condamner ces manœuvres, la récolte étant de si courte durée, et, de cette récolte, résultant des conséquences si graves pour tout le rucher.

Cette circonstance suffirait peut-être à justifier des manœuvres, même peu naturelles.

Une récolte très abondante qui ne doit durer que 10 ou 12 jours peut, aux yeux de certaines gens, compenser totalement la perte du couvain et le dommage occasionné à la ruche par le trouble qu'on y a causé.

Mais, en dehors de ce cas exceptionnel, et en thèse générale, nous pensons que la famille doit rester dans les conditions que lui a faites le Créateur, même en présence de la plus abondante miellée. La présence de la reine développe autrement d'entrain que l'orphelinage, et la famille, si elle y perd d'un côté comme nombre de butineuses, y gagne de l'autre, par l'activité extraordinaire qu'excite partout un couvain abondant, et nous déconseillons complètement cette méthode.

« Laissez les enfants à leurs mères » et les petits à leurs nourrices.

Nous voulons que tout soit pondéré dans le rucher, et nous nous défions singulièrement de ces systèmes qui ne sont point basés sur la nature, et lui sont, au contraire, diamétralement opposés.

Nous voyons partout dans la nature l'activité des familles augmenter en raison directe du nombre des enfants, et ce n'est pas seulement une vérité philosophique et morale qu'énonçait le poète quand il disait :

« Laissez les enfants à leurs mères », c'était un axiome d'apiculture.

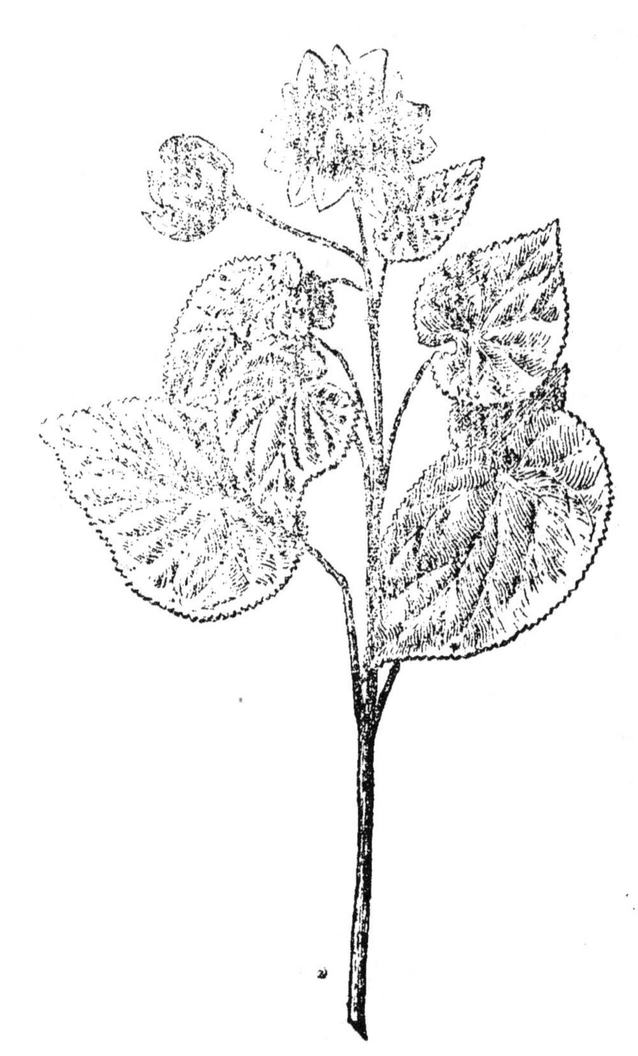

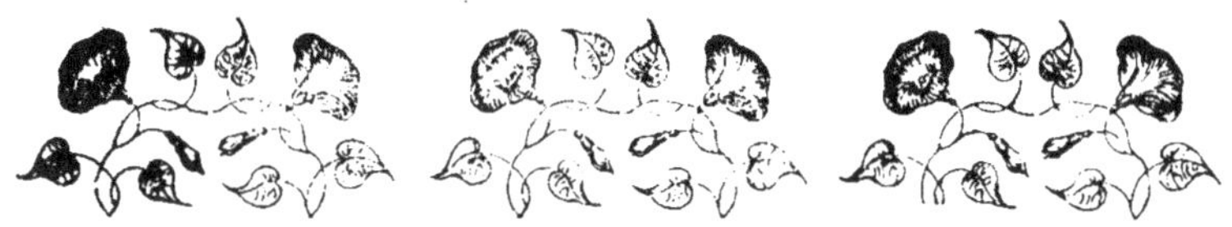

CHAPITRE V

PONDÉRATION DU RUCHER
AU POINT DE VUE DE L'ÉLEVAGE DU COUVAIN

—

Tout reposant sur l'élevage du couvain et sur son développement, les soins de l'apiculteur se porteront continuellement sur l'élevage du couvain et sur les moyens de le favoriser et de le développer.

Nous pouvons établir en fait qu'une ruche dont on favorise et dont on excite le développement donne *deux ou trois fois* autant d'abeilles, par conséquent de miel que celles qui ne sont pas « *excitées* ».

Toutefois cette manœuvre doit être dirigée avec habileté.

C'est surtout au printemps qu'il faut exciter et développer la ponte parce que c'est l'époque *psychologique* choisie par la nature.

Toute chose égale d'ailleurs, toutes les conditions de chaleur et d'alimentation en miel et en pollen étant remplies, c'est l'époque la meilleure de l'année, et le devoir, le devoir réel, c'est d'utiliser cette merveilleuse disposition de la nature.

Avril et Mai sont les deux mois qu'il faut savoir utiliser *largement et hardiment*. Quoiqu'on ait dit, c'est *stériliser* une ruche que de ne pas lui demander deux ou trois fois autant de rendement que les ruches laissées à elles-mêmes.

Nous n'oublierons pas toutefois, pour être prudents, qu'il faudra toujours tenir compte des forces de la ruche et de ses ressources pour l'élevage du couvain.

Ne rien demander de plus qu'un travail ordinaire, c'est ne pas tirer parti de ses ruches ; mais imposer un travail au-dessus des forces de la ruche, c'est aller à sa perte.

Quel est donc le juste milieu ?

Le juste milieu ne consiste pas à laisser faire

la nature; il ne consiste même pas à demander le double.

Il consiste à demander *deux ou trois fois autant des ruchées de choix*, pourvu que toutes les conditions de chaleur, de vivres, de couveuses, soient assurées. La sagesse est de demander de chacun ce qu'il peut donner, tout ce qu'il peut donner : or c'est ce que peut donner une ruche de grand choix.

On aura donc soin à cette époque, Avril et Mai, d'établir dans son rucher les deux catégories dont nous parlons plus haut, c'est-à-dire, les ruches de premier choix, *l'aristocratie*, et les ruches de second ordre, la *bourgeoisie*.

Il sera d'urgence à cette époque, de dépouiller partiellement et successivement la portion inférieure du rucher, les ruches *inférieures*, la 3e classe, pour fortifier celles qui s'annoncent très belles ou les plus belles.

Les ruches de premier choix, *l'aristocratie*, arriveront de bonne heure à leur entier développement, et vers le 20 ou 25 avril, le tiers du rucher devra être en très bonnes ruches entièrement développées ; ce sera le moment d'en tirer un brillant parti.

La deuxième portion du rucher, c'est-à-dire celle qui est la meilleure après les **ruches de choix**. devra être favorisée et soignée comme les premières et l'on arrivera ainsi vers **le 15 ou 20 mai** avec les deux tiers du rucher merveilleusement installés.

Nous n'aurons pas trop exigé, mais nous aurons fait ce que nous étions en droit de faire.

La pondération, (la sagesse, la vraie sagesse d'un apiculteur) consiste à ne pas excéder, ni d'un côté ni de l'autre ; un certain nombre d'apiculteurs excèdent en demandant trop à leurs ruches ; c'est le petit nombre. Le très grand nombre excèdent en ce sens qu'ils ne demandent pas assez à leurs ruches ; et de même qu'il faut se garder des excès dans un sens, de même il faut se garder des excès dans l'autre sens.

La pondération dans l'élevage du couvain au printemps exige de la part de l'apiculteur trois qualités.

1º Un grand savoir.

2º Une vigilance continuelle.

3º Des dépenses qu'il ne faut pas hésiter à faire.

Voilà pour l'apiculteur.

En ce qui concerne la ruche, une culture inten-sive au printemps demande toujours que la ruche soit confortablement installée (chaleur, vivres, cadres).

Par rapport à la population, la ruche doit être peuplée de jeunes abeilles d'excellente race.

Concernant la reine, la reine doit être jeune et très féconde.

Avec ces conditions bien précises et bien dé-finies, l'apiculteur ayant les trois qualités indi-quées plus haut, la ruche installée comme nous l'avons dit, la reine et les ouvrières étant de premier choix, disons-le hardiment, c'est folie de demander peu à ses abeilles, et un apiculteur ne devrait pas être si maladroit !

C'est au mois de juin surtout que la pondéra-tion du rucher devient de nécessité première : c'est à ce moment qu'il faut faire appel à toute notre sagesse, pour éviter les extrêmes.

Juin, pour le pays que j'habite, juin est le désert stérile entre deux oasis. Jusqu'en juin, l'a-bondance a régné partout quand le temps a été beau : Juillet et Août seront excessivement riches, mais Juin, c'est la stérilité : Pendant ces 4 ou 5 semaines de stérilité, si l'on ne s'inquiète pas du

développement du couvain, et si l'on n'a pas soin
de l'entretenir artificiellement, la ponte se ra-
lentira beaucoup et les populations s'affaibliront
considérablement, juste au moment où l'on va
avoir besoin de très nombreux bataillons, juste
au moment de la récolte !

Jugez de l'erreur de ceux qui ne s'en préoccu-
pent pas, et de l'importance de la perte qu'ils
vont faire.

C'est, à coup sûr, le moment le plus critique du
rucher.

C'est incontestablement l'heure où l'avenir
de l'apiculteur et de son rucher est entre les
mains de « son conseil ».

Qu'il ne fasse rien, tout déclinera : et ses ruches n'auront pas la moitié de la force qu'elles
devraient avoir et qu'elles auraient pu acquérir si
facilement.

C'est le cas de *simuler une récolte ;* et en versant
chaque soir une petite quantité de sirop à chaque
ruche, surtout à l'aristocratie et à la bourgeoisie,
qui doivent avoir déjà une très grande quantité
de miel, provenant de la première miellée du
printemps, on entretiendra aisément l'élevage
d'un couvain abondant, et ainsi sans diminution

notable des forces de l'armée, on arrivera en bonnes conditions et au moment voulu sur le champ de bataille ; l'essentiel est d'arriver avec de gros bataillons.

Sans doute, cette miellée artificielle n'est qu'une illusion, ce n'est qu'une illusion, mais c'est un grand secret d'entretenir l'illusion dans un grand rucher.

L'espérance n'est souvent faite que d'illusions, en attendant l'âme vit d'espérances: les abeilles aussi.

Versez l'illusion, régulièrement chaque soir : les abeilles vous comprendront, et dans une joyeuse espérance, elles continueront leur grand travail et l'avenir vous récompensera au centuple.

Pendant la récolte, il y aura une difficulté énorme à maintenir le couvain nombreux dans toutes les ruches.

Il y a cependant tous les éléments, puisque les abeilles sont très nombreuses et la récolte très abondante: La difficulté, tout le monde le comprend, vient de ce que le nid à couvain est envahi par le miel quand les abeilles n'ont pas de place pour le loger ailleurs.

Tous les efforts de l'apiculteur tendront à protéger le nid à couvain contre l'envahissement du miel.

Quand la récolte est abondante, l'addition de cadres bâtis tout près du nid à couvain et de hausses plus ou moins bâties et vides sur le nid à couvain s'impose à tout apiculteur sérieux, désireux de maintenir un couvain abondant en toutes ses ruches.

PONDÉRATION DU COUVAIN, EN AUTOMNE.

Je dirai seulement deux mots sur ce point, le disant plus longuement quelqu'autre part, en cet ouvrage.

L'automne est l'époque où il y a le moins à craindre pour le développement du couvain, parce que à cette époque tout se trouve à souhait pour en protéger le développement, miel abondant, abeilles nombreuses, aucun autre travail extérieur pour distraire les ouvrières.

Le couvain peut prendre tout son développement sans aucun inconvénient alors même que les nuits sont fraîches.

Il n'y pas à craindre non plus la dépopulation.

D'autre part, pourquoi ne pas profiter des dernières belles journées de l'année pour refaire la ruche *en jeunes abeilles*, qui sont tout l'espoir et tout l'avenir de la ruche.

La théorie du « Laisser faire » est toujours pernicieuse, mais elle l'est surtout dans les circonstances dont nous parlons.

L'année prochaine les survivants d'un autre âge seront ceux-là seulement qui seront nés en septembre et en octobre.

Donc, s'il n'y a rien à craindre, et si tout est avantage, ne serait-ce pas trop maladroit que de ne pas profiter de ces belles journées pour activer un peu la ponte?

Notre système est d'éviter les excès et les exagérations; nous dirons que c'est une circonstance où il n'y a pas à craindre l'exagération, excepté celle de ne rien faire.

Du reste ce sera bien facile.

Puisque nos ruches sont surabondamment pourvues de miel, il suffira, de désoperculer un peu un ou deux cadres de miel de la ruche, une ou deux fois dans le courant de la saison, par le haut de la ruche, et sans l'ouvrir davantage, après avoir refoulé les abeilles avec un peu de fumée.

Ce regain de miel frais produira un regain de ponte qui aura son contre-coup avantageux au printemps.

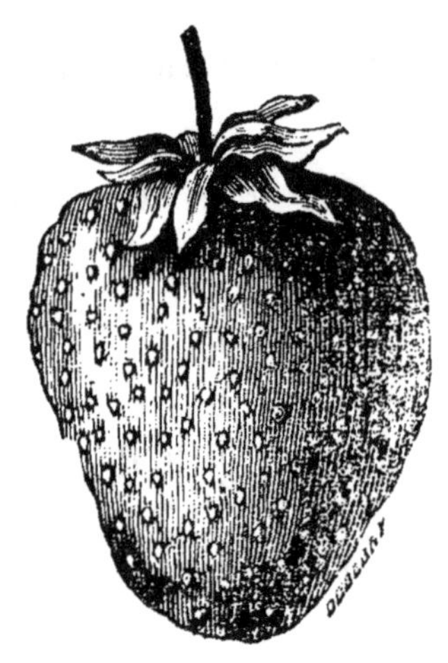

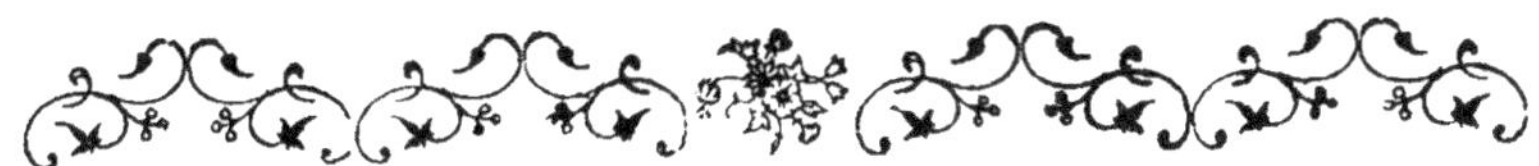

CHAPITRE VI

DE LA PONDÉRATION DU RUCHER
AU POINT DE VUE DE L'HIVERNAGE

Il faut se garder de certaines opérations qui
ont cours et qui sont même quelquefois en-
seignées par quelques auteurs qui ont du mé-
rite.

Plusieurs d'entre eux parlent de l'hiver comme
d'une saison redoutable.

D'autres enseignent que l'hiver ne fait rien
aux abeilles. Les premiers disent qu'il faut des
précautions excessives ; les autres qu'il n'en faut
pas. Les uns veulent qu'il y ait une grande quantité

de pollen dans les ruches qu'on hiverne, d'autres prétendent que cela est inutile.

Les uns veulent qu'on loge l'essaim sur un nombre restreint de cadres, 6 ou 7, les autres veulent qu'on laisse la ruche telle qu'elle est. Les uns veulent donner beaucoup d'air; les autres se contentent d'un guichet tout petit....

La question est tout à fait complexe, elle demande beaucoup de pondération.

Indiquons d'abord certains faits qui ont la valeur de principes, nous tirerons ensuite les conséquences.

1° L'abeille en hiver, se tient en forme de grappe, dans tous les sens.

2° Il n'y a pas de couvain pendant l'hiver.

3° L'hiver de nos pays n'a pas de froid au dessous de 10 à 15 degrés centigrades au-dessous de zéro.

4° Les froids durent le plus souvent quelques semaines seulement.

5° Les vieilles abeilles périssent souvent sur les rayons: leurs cadavres tombent sur le tablier et souvent s'y décomposent.

6° Le renouvellement de l'air est une nécessité, surtout quand il fait froid ou humide.

7° Les abeilles cherchent toujours le point le plus chaud de la ruche.

8° Les abeilles bien grappées et sainement logées supportent aisément des froids de 10 à 15 degrés, et même davantage.

9° Il faut tenir compte de la rusticité plus ou moins grande des différentes races, la Chypriote étant la moins rustique, la Noire la plus rustique, l'Italienne tenant le milieu.

10° Le croisement des deux races étrangères (que je viens de mentionner) par bourdon noir développe singulièrement la rusticité de ces abeilles.

11° La ruche tout naturellement doit être proportionnée à la grosseur de la colonie. Si l'on a à hiverner une petite population dans une grande ruche il faudra rétrécir le logement au moyen de feuilles sèches ou de mousse, autrement il y aurait trop de disproportion entre le logement et la population qui l'habite.

12° Le fait qui domine tout est celui-ci.

Il est reconnu par tous les apiculteurs qu'il faut avoir une bonne reine et une population de jeunes abeilles.

De ces principes, nous pouvons tirer quelques déductions pratiques.

1º Toute ruche complètement bâtie, bien approvisionnée, pourvue d'une bonne reine et d'une grande quantité d'abeilles, la plupart jeunes, doit être laissée telle pour l'hiver.

Cela simplifie singulièrement la besogne de l'hivernage.

La seule chose qu'il y aura à faire, c'est d'enlever les abeilles mortes, une fois ou deux pendant l'hiver. Cela d'autant plus souvent que la race est plus pure, Chypriote ou Italienne.

Notons en passant que l'hivernage se fait beaucoup mieux, (le plus souvent très bien) dans les ruches fixes que dans les ruches à cadres. N'y a-t-il pas là une lumière ?

2º N'attendez rien de bon d'une ruche même forte en apparence, même bien approvisionnée en automne, si la reine est vieille, si elle est par exemple à sa troisième année.

L'hivernage se fait toujours très mal dans ces ruches, parce que la reine arrête sa ponte de très bonne heure; conséquemment il y a peu d'abeilles jeunes dans la ruche et la mortalité est énorme ; tandis que l'hivernage se fait très bien chez de petits essaims où il y a d'excellentes jeunes reines.

Nous avons vu souvent dans notre carrière d'apiculteur de très petits essaims, à faible population et à très petite bâtisse, passer magnifiquement l'hiver sans perdre plus de 4 ou 5 abeilles.

La question pour nous est très simple.

Elle se réduit à deux choses.

1º Jeunes reines vigoureuses.

2º Jeunes abeilles.

Prenez ensuite les précautions communes et ordinaires comme vous les prenez pour vous pendant l'hiver, revêtant des habits plus chauds et calfeutrant un peu mieux votre porte. Les précautions ordinaires suffisent, si les deux conditions principales sont maintenues.

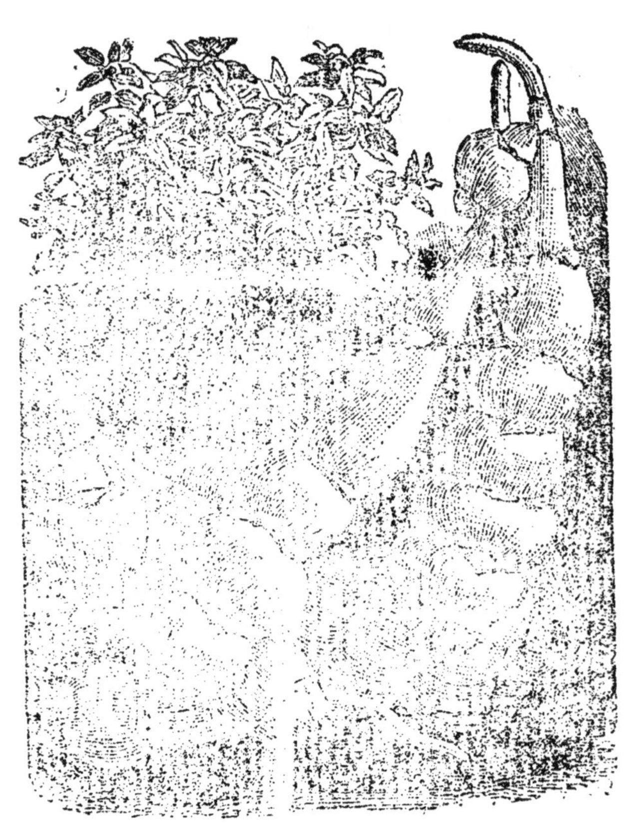

TABLE DES MATIÈRES

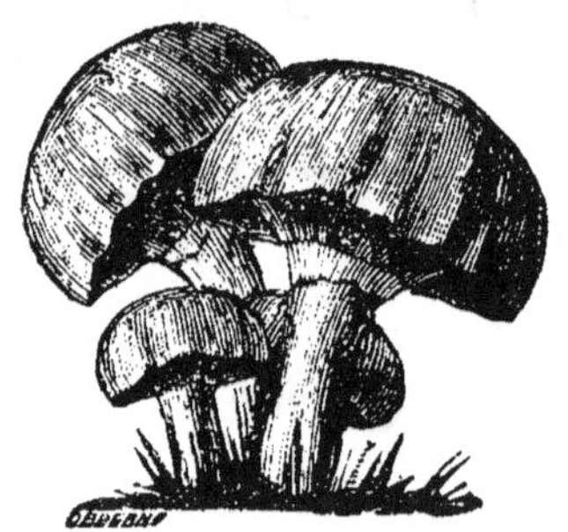

ASILE DE VIEILLARDS ABANDONNÉS
à *Pierre, par Toul. (Meurthe-&-Moselle).*

Imprimerie Librairie Notre-Dame

MONOCORDES ET BICORDES

FABRIQUE DE RUCHES INTERCHANGEABLES 33/33

Elevage de REINES par la sélection la plus sévère.

FABRIQUE DE PAINS D'AUTEL
Farine préparée par les Sœurs de la Foi.

PRIX-COURANT
des ruches interchangeables 33/33

Ruche complète avec une paroi vitrée et toit, pouvant servir pour plein-air, mais sans hausse, vernie en couleur tendre. (*Indiquer la couleur*).   19 fr. 50

La même avec deux parois vitrées.   24 fr. 50

NOTA. — Sur demande, ruche brute, non vernie, à une paroi vitrée.   17 fr.

La même à deux parois vitrées.   22 fr.

ACCESSOIRES FACULTATIFS

Toit chalet avec auvent pour plein air.   1 fr. 50

Hausse interchangeable, cadres 11/33, verre et volet dans la paroi postérieure.   4 fr.

Coussins d'hivernage avec grille et tampon pour le nourrissement.   2 fr.

Grands cadres 33/33 nus; le cent.   15 fr.

» » » avec 4 vis pour maintenir l'écartement ; le cent.   18 fr.

Grands cadres 33/33 avec 4 vis pour maintenir l'écartement et 8 petites pointes pour fixer la cire gauffrée ; le cent.   25 fr.

Cadres de hausse 11/33 ; le cent.   10 fr.

Elevage de reines par la sélection la plus sévère.

Abeilles *Italiennes* et *Chypriotes*.

Jeunes Reines Italiennes

	Ordinaire	De choix	Exceptionn.
Mai . .	8 fr.	10 fr.	14 fr.
Juin . .	7 fr.	9 fr.	13 fr.
Juillet . .	6 fr.	8 fr.	13 fr.
Août, Sept.	5 fr.	7 fr.	12 fr.

Essaims Italiens d'un kilog. avec

	Reines ord.	R. de choix	R. except.
Mai . .	18 fr.	20 fr.	24 fr.
Juin . .	16 fr.	18 fr.	20 fr.
Juillet . .	14 fr.	16 fr.	18 fr.
Août, Sept.	10 fr.	12 fr.	16 fr.

Chypriotes pures mêmes prix que les reines ou essaims Italiens de choix ou exceptionnels.

CIRE GAUFFRÉE

A l'Asile des Vieillards abandonnés, on accepte de fondre à moitié la vieille cire en rayons envoyée franco en gare de Chaudeney-sur-Moselle.

On fait la cire gauffrée à façon à raison de 0 fr. 10 par feuille de 32/32.

Pour toute commande et demande de renseignements s'adresser à l'Asile des Vieillards abandonnés, à PIERRE par TOUL. (Meurthe-et-Moselle.)

C. Chenin. Imp. N. D. a Pierre par Toul. Meurthe

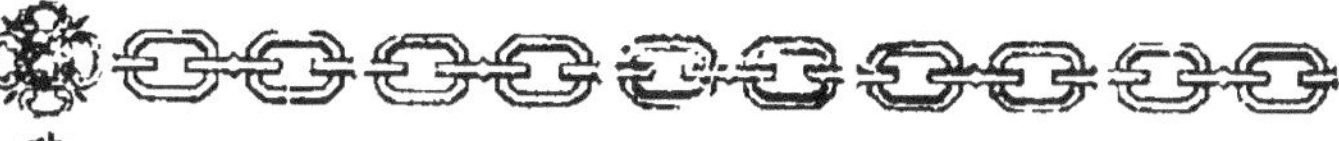

On trouve à l'Imprimerie-Librairie
Notre-Dame

LA CHARMEUSE, ESTHÉTIQUE, par
un vieil apiculteur. Prix franco, 1 fr.25

LA CHARMEUSE, BASES DE LA GRANDE
CULTURE.   Prix franco, 1 fr. 25.

L'ÉLEVAGE DES REINES. Franco, 0,50

LA CULTURE INTENSIVE. Franco, 0,25

LA PONDÉRATION DU RUCHER. 0,35

LE RÉPERTOIRE DE L'APICULTEUR,
ouvrage orné de 80 figures et vignet-
tes. Prix franco   1 fr 50.

LA PERFECTION DANS L'ART DE DIRI-
GER LES ABEILLES, prix franco 1 fr.80.

Sous presse

LA CHARMEUSE, QUELQUES DÉTAILS
DE LA VIE D'UN APICULTEUR.

CALENDRIER APICOLE.

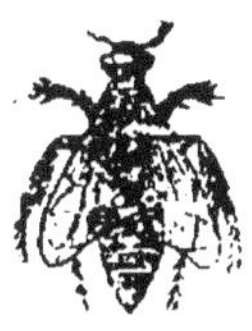

C. Chenin, imp. N. D. a Pierre par Toul Meurthe